www.tredition.de

AF214909

Henning Heske

# Zeitstromende

Ausgewählte Gedichte

© 2018  Henning Heske

Verlag & Druck: tredition GmbH, Hamburg

ISBN
Paperback     978-3-7469-4772-3
Hardcover     978-3-7469-4773-0
e-Book        978-3-7469-4774-7

Landmarken

## Landmarke I

Die Pyramide des Ruhrgebiets ist dreiseitig
und hohl. Nachts leuchtet sie
als Lichtskulptur. Die beiden Grabkammern:
Aussichtsplattformen zwischen Stahlrohren.
Ein extraterrestrischer Tetraeder über 90 Meter
Heimaterde, dem Monte Schlacko. Der Horizont,
ein Panorama des Strukturwandels:
stillgelegte Hochöfen und ehemalige Zechen,
Gartenstadtsiedlungen und Technologieparks.
Geschichte auf Halde oder
die Halde als (historisches) Ereignis?

## Landmarke II

Die Dinosaurier des Ruhrgebiets sind stählern
und ausgebrannt. Nachts illuminiert.
Drei aufragende Hochöfen, dem Rost überlassen,
aufgebahrt in einem unenglischen Park.
Landschaft als Architektur und Museum:
Sinterbunker, Gasometer und Kraftzentrale.
Labyrinthische Industrierelikte eines Molochs.
In der Gleisharfe leben Mitglieder der roten Liste,
homolog zur Langsamkeit des Windrads.

## Landmarke III–VII

Auf der höchsten Erhebung Castrop-Rauxels:
eine Krone aus Edelstahlstelen der Bergehalde Schwerin,
eine riesigen Sonnenuhr. Anderswo ein begehbarer Vulkan.
Artefakte des Bergbaus. Der Mensch präsentiert sich
als geologischer Faktor und kultiviert den Abraum.
Hangböschungshalden, Spitzkegeln, terrassierte Tafelberge.
Landschaftsbauwerke als eine Tierra helada,
begrünt nach allen Regeln der Pflanzensoziologie.
Wie Kubricks schwarzer Monolith ragt die Bramme
aus dem Gipfel, eine monumentale Walzstahlplatte
als Fixpunkt einer öden Kuppe. Eine Himmelstreppe
aus Sandstein und Granit verwandelt die Industriewüste
in ein mystisches Konglomerat. Die Metamorphosen
des tauben Gesteins: Skulptur, Kreuzweg und Amphitheater.
Kein Ort wie Falun, ein Helikon aus abyssalem Material.

# Rückfahrt

Eine holprige Fahrt durch Alleen,
die Schilder bleiben stumm.
Das Kinderzimmer des Vaters
ist kleiner jetzt, die Brücke
verschwunden. Viele Nester
leer, die Störche sind verzogen.
Nur die Seen spiegeln wie einst
und schweigen.

# Lorbeerblatt

Morgenlichtlamellen: Trittsteine zum Tagesufer.
Die geöffneten Fensterflügel präsentieren
ein sich und dich bewegendes Kalenderblatt.
Ein zehnzackiger Stern in der Ebene: Lucca,
Stadt der Mauerflaneure mit den weithin sichtbaren
Steineichen auf dem Torre Guinigi, Ejakulat des Reichtums,
und der umbauten Ellipse der Historie.
Die Menschen in den Gassen schreiben
die endemische Sprache
ihrer Wege im ligurischen Labyrinth.
Hier verklärte Puccini die Nacht,
hier fallen die Tauben geröstet in den Olivenhain.

## Junkie

Zwei Scherben aus braunem Glas,
die das Tageslicht brechen.
Diese Espressoaugen, dunkles Koffein
des Morgengrauens. Diese Flamingobrüste,
exotischer Champagner wacher Nächte.

Zwei verschlungene Hände.
Halten, was niemand verspricht.
Wunschlos durchs Laub
mäandrierender Wege.
Bis ans Ende der Dosis.

# Venusbild

Verbotenes Gelände – unvermint.
Deine Kleidungsstücke unterm Tisch,
unser göttliches Speisen obendrauf.
Nightswimming im Badezimmer:
tanzende Schatten auf den Kacheln.
Der Schaum stand dir malerisch.
Diabolisches Bodypainting mit Kajal-
und Lippenstift. Die Pizza danach.
Mein Seufzer beim Chinesen und
der kurze Abspann am Morgen.
Deine weiße Haut auf dem brennenden Foto –
Löschversuche.

## Engelszunge

Der Sommer kam schon im Mai,
meine Liebesschwüre nur bis
zur Mailbox. Die Putten pfiffen
es von der Decke, bis ich mich verirrte –
in einen Nacken mit blonden Halmen.
Wein reinigte die Nächte. Der Sauvignon
schmeckte rund und fruchtbetont
wie ihre Pfirsichhaut. Die weiße Mühle
wurde unser Himmelbett und irgendwo
zwischen ihren Flügeln verlor sich
mein Gesicht.

## Blue Moon

Deine Augen, eineiige Zwillinge
der dunklen Seite des Mondes.
Kein Wunder, dass ich mondsüchtig
bin. Die Spiegelung des Sonnenlichts
gegen die kalte Haut der Nacht.
Diese riesige Aspirin-Tablette
über der Bourbon Street.
Blume, Reiter und Stunde,
nicht nur der Mond ist blau.

## Hochdruckausläufer

Der Zugang zum Sommer: eine aufgerissene Balkontür.

Mädchen auf Fahrrädern sirren vorbei.

Die Zeit wälzt sich schwerfällig weiter.


Erst spät die Versöhnung mit den Insekten.

Die Tiefe der schlaflosen Nacht:

ein pubertäres Panorama.

## Campus

Ein überlebensgroßes Dichterporträt,
nachts an den Hörsaal gemalt.
Gesichter zwischen Bibliotheksregalen,
unsichere Symbole der Empathie.
Archiv der Zeitmitschriften.
Kaum verständliche Zeichen in Büchern –
die Mathematik der Beziehungen.
Im Botanischen Garten der Traum
von einer fröhlichen Wissenschaft.
Blutspenden für den Wahlkampf.
Das Leben, ein Studium der Vorsehung.

# Topfpflanze

Um Hoffnung kämpfen wollten wir –
mit Fahrrädern und Bürgerinitiativen,
sogar mit einer Antiparteienpartei.
Die politische Logik der Sonnenblume:
Radikalökologie und Fundamentalopposition.
Der Dunst der Basisdemokratie
aus den Teebechern der Wohngemeinschaften
verzog sich über der Startbahn.
Kein ganzheitlicher Paradigmenwechsel.
All die selbst gestrickten Alternativen
von der Fachschaftsliste über das Stattblatt
bis zur schwarzgedruckten Kassandra ...
Die Wendezeit kam anders.

## Garancières

Französisches Landleben als Leitbild
für eine Wohngemeinschaft auf Widerruf.
Voller Visionen vom Nullwachstum,
ökologische Variante des Kommunitarismus.
Kernspaltung nur beim Apfelschneiden!
Im Schuppen vergilbte Mathematikbücher,
beschlagene Scheiben im gemeinsamen Bad.
Vom Matratzenlager aus schürten wir
die Glut der Gruppendynamik.
Nach und nach zogen unsere Utopien
als Kohlendioxid durch den Kamin
dem Zustand maximaler Entropie entgegen.

## Ökozidjournal I

Giftpfeile aus dem ultimativen Primärwald
gegen Bulldozer missionarischer Hilfe.
Ökologischer Imperialismus statt Weltinnenpolitik.
Artentod im Regenwald – kein Hort für Kinder
der Steinzeit. Der letzte Lakandone gegen
die Persistenz großtechnologischer Eingriffe.
Das Warten auf neue Schwarzrostmutanten.
Merantiwege im Sarawak, Weißgesichtaffen
im Primatenpark in Bielefeld.
Überall dieses dunkle, morbide Waldgrün.

## Ökozidjournal II

Dependenztheorie, peripherer Kapitalismus,
Strukturalismus oder autozentrierte Entwicklung:
Makulatur – ein indischer Königstiger
aus Altpapier. Delfine und Mondfische
in japanischen Treibnetzen. Ressourcenraub.
Versalzene Luft und verwüstete Ufer,
am Aralsee blüht die Endzeit.
Fässer mit Zeitzünder vor Nowaja Semlja.
Biopiraten erbeuten Patentschutz für Pflanzen.
Resistente Insekten im Menschenzoo.
Eingeborene ausgebucht. In Entwicklungsruinen
segnen Seelenfischer Särge aus Mahagoni.

## Sternenkult

Metalldetektoren finden den Himmel in der Erde,
grün schimmernd aus arsenhaltigem Kupfer:
der Diskus von Nebra, Abbild des Kosmos
mit Sonnenbarke und lunarer Sichel –
eine archäologische Tellermine.
Ausweis paneuropäischer Astronomen
mit Zeremonialhüten aus Gold,
gejagt von Orion und der Sucht.
Die Fährte führt über steinerne Alleen
mit Menhiren, vorbei an Dolmen
und den Kavernen der Externsteine
direkt zu den verglühenden Sternen.

## Lösswolke

Die andere Antike: ein Paralleluniversum jenseits der Wüste.
Eine mannshohe Terrakotta-Armee aus Untoten,
präpariert für den Kampf gegen das Ego,
aufgebahrt in einem Labyrinth der Finsternis.
Ein Jenseitsgeleit mit Akrobaten, Löwenstatuen,
geflügelten Pferden und Kultkesseln. Lampen mit Walöl
spenden ewiges Licht für den Drachenthron.
Keine Götzenbildnisse.
Bronzekraniche zieren eine unterirdische Uferlandschaft
mit einem Styx aus Quecksilber. Gesichert
mit automatischen Armbrüsten. Jadeflöten, glasierte Kamele,
Rhinozerosse aus Eisen, Penisse aus Bronze, alles
ein vergeblicher Kotau vor der Unsterblichkeit,
nur ein Ton im Klang der großen Kakofonie.

# Dschungelbuch

Zweitausend Meter über dem Meer eine Insel:
Kultort für zivilisierte Blutorgien.
Die Magie des Aderlasses, Götzendienst
gegen die Vergänglichkeit. Dolche aus Obsidian
als Skalpelle: zuckende Herzen in Adlerschalen.
Tempelwände aus Totenköpfen. Priesterekstase
am Schädelgerüst. Versteinerte Fratzen,
bunte Pokale, Skulpturen aus Ton.
Kinderskelette in der Kapelle des Regengottes.
Abbilder des Herrn der Unterwelt
mit herausgequollener Leber. Die Himmelstreppe
einer Stufenpyramide. Atlantis im Urwald.
Sonnensteine – Hieroglyphen einer undechiffrierten
Chronik.

## Stadtgeographie

Häuserfronten – unterbrochen vom Fluss,
Schluchten der Zivilisation, Kneipen
der Konversation und Konservation.
Die Dekadenz der überbrückten Metropolen:
Mental Map des Konsumterrorismus.
Vibrierende Vergnügungsviertel – Erinnerungsstadt.
Die Bar von Herodot unweit des Mondtors.
Spargelfeld aus Wolkenkratzern mit Skypin.
Die Morphologie der Geschichte
über der Kanalisation der Segregation.

## Traumwelten

Der Pulverdampf der Revolution verzog.
Sichtbar bald der Gipfel des Venusberges.
Rheintöchter; ein Ring, sie zu führen.
Musik, als verstünde er die Vogelsprache,
erklang in Klingsors Zaubergarten.
Somnambuler Zustand: Flügel,
abgelegt von Schwanenjungfrauen.
Stets den Blick gegen den Erbfeind
vollführt Germania die Alberichbewegung
im Krieg der Welten – Götzendämmerung.

## Körperwelten

Subtile Anatomie und moderne Kunststoffchemie:
der Mensch mit Epoxidharz durchtränkt,
in Scheiben geschnitten als Plastinat.
Longitudinal expandierte Körper, Hirnrinde
und Hirnkerne, die Schnecke im Innenohr.
Objekte einer öffentlichen Obduktion.
Dieses Beinhaus zeigt die feinsten Verästelungen
der Blutgefäße als Kunstgestalt.
Forensische Sektion bis auf die Knochen
der Besucher – naturgetreu konserviert.
Gehärtete Präparate mit offenen Schubladen:
Figuren von Dali. Befunde erscheinen
in ihrer Durchsichtigkeit wie gemalte Fensterscheiben,
beschlagen von einem pathologischen Dunst.

## Schlangenstein

Auf dem städtischen Totenacker Poeten
in der Fürstengruft. Dunkle Pflanzen
zwischen Stein und Eisen und Moos
im Irrgarten des Vergänglichen.
Modriger Unduft, Grenzmarke zur Stadt
der Untoten. Keine Chance mehr:
Euphrosyne küsst sie nicht wach.
Der Schädel des Freundes, eine Reliquie
im Provisorium auf Dauer. Warten
auf eine Mazeration oder anderes.
Verwitterte Epitaphe – verbleichender Nimbus.
Exuvien im Sackbahnhof der Metamorphose.
Knochen als individueller, codierter Text.

Nekropolis

## Kosmische Konsonanzen

Zwischen Horoskopen und Hypochondrie
erklärt er die Grundharmonie der Natur
mit geschachtelten platonischen Körpern.
Die Mathematik als Erkenntnisinstrument.
Doch kein Polyeder erklärt die Marsbahn.
Das Auge als Camera obscura.
Im Brennpunkt die Sonne, elliptisch
auch sein Lebensweg. Hexenhammer
und Supernova. Die Dissonanzen
des tychonischen Weltbilds. Drei Gesetze
über die Bewegungen der Wandelsterne
bleiben: Himmelsmechanik als Uhrwerk.
Seine Harmonielehre, eine Hybridpflanze.

## Goldscherben

In den Gewölben der Jungfernbastei ummauert,
tausend Jahre nach der Tang-Zeit, schürft der Gefangene
nach der Formel der weißen Meeresschnecke.
Kaolin, Quarz, Schweiß, Feldspat und eine Prise
Knochenasche. Durch zwei tellergroße Sammellinsen
brennen Sonnenstrahlen die Mixtur. Transparente Scherben
mit hellem Klang, Biskuitporträts und Idyllen
mit Kobalt und Mangan diffundieren über den Kontinent –
dank Industriespionage. Kriegselefanten
zertrampeln die Manufaktur – vergeblich.
Unser Vitrinenstolz: Böttgers Zwangsarbeit.

## Mare Humboldtianum

Von den Quellen des Rio Negro
bis zum Gipfel des Chimborasso:
traurige Tropen, vermessen mit Probierwaage,
Hyetometer und Spiegelsextant.
In seinem einzigartigen Urwaldlabor
schuf er einen Katalog für Exploiteure.
Vielfältige Mineralien am Irtysch,
Bausteine für sein Netzwerk des Wissens.
Die Natur blieb unauflösbar.
Lange die Dämmerung
über dem Golf von Cariaco – das Leben
zu kurz für diesen maskulinen Kosmos.
Aus seiner Arbeitshöhle kehrte er
zu den Guácharos zurück.

## Wiederkunft

Der Musterknabe aus Schulpforta.
Mit dionysischer Heiterkeit präsentiert
er die Todesanzeige der Götter. Nichts.
Sein Adlerblick über den Menschenpark
bis zum Nachtgrund. Doch.
Mit dem Hammer des Übermenschen auf
die letzten Dinge – in einer Welt als Wille. Also.
Das Leben als Rekursion. Kein verbotenes Wissen
sondern Schattenboxen im Nirwana. Licht.

## Hoffmanns Erfindungen

In seinem faustischen Labor designt er
die medizinische Synthese: Diacetylmorphin,
ein Retortenbaby des Schlafmohns
gegen Bronchitis, Nymphomanie und alle
übrigen Gebresten dieser Bahnhofswelt.
Heroin für das Volk. Zauberhafte Hirnschauer.
Proben gehen bis nach China.
Aus den eleganten Flakons entweicht
ein dämonischer Geist. Mancher Heros
ertrinkt an diesem braunen Wasser.
Sein anderes Derivat hilft kaum gegen solche
Schmerzen – eher gegen Kopfgeburten.

# Eigenwerte

Die Matrizenmechanik eines Pfadfinders –
Baustein des Ganzen und Prolegomena
der Unbestimmtheitsrelationen: Eigenschaften
des Mikrokosmos mit Genauigkeitsgrenzen.
Energie und Zeit, ein inkompatibles Observablenpaar,
auch Ort und Impuls prinzipiell unbeobachtbar.
Der Überflieger und Anführer auf dem roten Felsen.
Untiefen der Quantentheorie gegen die deutsche Physik,
rezensiert vom schwarzen Korps. Spione selbst
in Auerbachs Keller. Der zweitklassige
Uranverein und die Nacht von Kopenhagen.
Lauschangriffe im englischen Landhaus.
Höhenstrahlungsschauer und die einheitliche Feldtheorie
als Weltformel: Isotop einer Utopie.

# Todsünde 8

Von den Ufern der braunen Donau nach Bayreuth
zum Schauspiel der deutschen Psychologie: Entartung –
seine Analogie zwischen Domestikation und Zivilisation.
Der Herr der Graugänse, auf Küken geprägt,
die russischen Hundejahre überwunden,
mit einem Welträtsel: Wo liegt die Grenze
zwischen Instinkt und Intelligenz?
Beispiel: die Phototaxis des Bärenspinners.
Sind Gene tatsächlich der Genius der Art?
Degeneration durch Selbstdomestikation!
Beiträge zur Ethologie sozialer Corviden
und eine Naturgeschichte der Aggression.
Alles umwölkt von Pheromonen der Eugenik.

# Saturnchroniken

Der Reichsfreiherr aus der preußischen Provinz
mit dem Blick zum Himmel, aus dem er
Vergeltungswaffen in die Städte fallen lässt –
produziert in unterirdischen Konzentrationsanlagen.
Der autokratische Visionär hängt seine Uniformen
in den Wind. Satelliten mit Hunden und Affen:
Tierversuche als Basis der Raumschifffahrt.
Staffellauf von Merkur über Jupiter zu Apollo,
mythologische Hilfe erfüllt das Projekt.
Keine Mission zum Mars. Die Parabel
endet im Meer der Ruhe.
Der Blick zurück zur Erde – verändert.

## Erkenntnisgewinn

Ein Leisesprecher vom Katheder,
pietistisch erzogen und schmalbrüstig.
Der bestirnte Himmel wird seine Leitfrage.
Hauslehrer auf Dörfern und Gutshöfen.
Gewaltige Geheimnisse des Lebens –
sensible Geistesarbeit: Was ist Aufklärung?
Allgemeine Erd- und Menschenkunde.
Gegen den Krieg als feudale Lustpartie.
Der Staat ist eine moralische Person.
Mittagessen als praktische Vernunft.
Ein großer Einsamer zwischen den Epochen.
Sein letzter Orakelspruch: Es ist gut.

## Elliptische Kurve

Mit Rotwein eingerieben, erweckt.

Ein Taufspruch für den Pfarrerssohn:

Reine Mathematik ist Religion.

Der Einfluss des Mondes auf das Pendel.

Kreidezeichen und Königsbriefe,

Konvergenzkriterium – Einfälle bei Kerzenlicht.

Ein einsamer Visionär

auf der Reise nach Prag und Paris.

Das Additionstheorem, die große Abhandlung:

verschollen. Umkehrung des Problems.

Partielle Summation und Grenzwertsatz.

Aussichtslosigkeit auf Anstellung?

Hektisches Fieber im Schattenzimmer,

Nachtmahre, verfluchter Gottvater.

Der ersehnte Preis – posthum.

## Transformationen

Aus dem Schatten des Kirchturms
trat das verlorene Subjekt, das Orakel,
der Wanderer zwischen den Welten.
Eine Darstellung der Imaginären
in der Geometrie. Die Sommer
in den Bergen. Schreckliche Einsamkeit.
Die Idee der kontinuierlichen Gruppen.
Symmetrien, Unruhe. – Ein Riese
als Eskimo in Leipzig. Schlafmittel,
Opium: ungeheilte Melancholie.
Zur Theorie der Minimalflächen.
Konflikte mit Kollegen – Berührungen.
Es war die Kühnheit seiner Gedanken.

# Blutkörper

Strebsamer Student unter Ackerbürgern,

mit Schlitten und Gespann zu Patienten.

Immer im Weitblick: pathogene Mikroorganismen.

Die Aetiologie der Milzbrand-Krankheit.

Das Mikroskop als kriminalistisches Teleskop.

Ferne Träume – eingefärbte Mikroben.

Fünfzig Jahre in den Zeiten der Cholera.

Amorphe Substanzen, Bazillen in Froschblut.

Menschenexperimente an seiner Künftigen.

Aus Schweizer Tälern in die afrikanische Savanne:

die Schlafkrankheitsexpedition, schwarzroter Urin.

Wie ein Gifthauch umwölken die tropischen Plagen.

Endlich eigene Fieberschübe.

Der letzte Blick durch eine offene Balkontür

auf blühende Bäume. – Eine Büste im Vestibül.

## Unvollständigkeitssätze

Er beschwört die Krise der Königsdisziplin:
Wenn die Arithmetik widerspruchsfrei ist,
ist sie unvollständig. Es gibt keine Formelsprache
für alles – eine Kette von Behauptungen.
Angewandtes Auswahlaxiom: eine Frau
als Beute des Nachtfalters. Wie wahr
der Satz vom ausgeschlossenen Dritten!
Algorithmische Unerschöpflichkeit als Leitmotiv.
Fieberhafte Forschung bei offenem Fenster:
die Kontinuumshypothese – Selbstmedikation.
Keine Heilung für Hypochondrie.
Verweigerte Nahrung, das Telefon als Trennwand.
Überall Gespenster – Neue Lösungen
für die Gleichungen des Gravitationsfeldes:
Rotierende Universen, homogen und nicht isotrop,
ermöglichen Rundfahrten durch die Vergangenheit.
Zuletzt der vergebliche Versuch eines Gottesbeweises.

## Selbstbildnisse

Ihr Finger malt eine Tür
auf die angehauchte Fensterscheibe:
der Vater mit seiner riesigen Plattenkamera
unterwegs – sie hilft beim Retuschieren.
Zehn tragische Tage, vom Leben durchbohrt.
Eine Maskerade in karibischer Farbigkeit:
im Samtkleid, mit Amme, mit Affe,
mit Papageien, mit Zopf. Der untreue Geliebte.
Im Schatten des Marquis de Sade fasziniert
von den Gesetzen des Karmas. Nie wieder.
Bilder: eine Ansammlung von Redensarten.
Im prähispanischen Gewand – im Rollstuhl.

Leuchtspuren

## Reflexbewegung

Athene: Empfang mit Eule und Speer.
Stammsitz der Drosten mit Chinatapete,
mittelschlächtiger Mühle und englischem Park.
Kein Dietrich für das Kreuzrippengewölbe.
Immer wieder umkreise ich dieses Wasserschloss
bis zum verriegelten, schmiedeeisernen Tor.
Bronzene Einhörner flankieren das Portal – Wappen.
Mottenartige Burgwüstungen in der Nähe.
Keine Urkunde belegt eine Beziehung.
Spiegelung der verschlungenen Hände: Concordia.

## Station Zoo

Idylle mit Seegurken und Seepferdchen.
Aquarien wie Fernsehmonitore, Testbilder
aus der Dunkelkammer der Bionik.
Jugendherberge für lebende Fossilien.
Nebelparder, Faultiere im Äquatorium.
Brutkolonien in der Vogeltropenhalle.
Endemische Fossas und Kattas aus Madagaskar,
ein Leben in der Run-and-Fun-Anlage.
Blattschneiderameisen als Vertreter der Insekten
im Regenwaldhaus und der Stirnlappenbasilisk:
fantastische Figur im genetischen Garten.
Kein Karneval der Kreaturen –
verklärte Genese der Geschöpfe.

## Strandgut

Schiefe Häuser spiegeln Himmel.
Auch das Wasser reflektiert
falsche Vorstellungen.

Weißer Sand, Holzwege
zwischen Scheinriesen aus Stahl und Glas.
Zaungäste und andere Gaukler.

Ein Affe trägt den Malerbaum.
Das Meeresrauschen bleibt aus –
nur ein Knacken des Liegestuhls.

## Grenzgang

Basaltmolen, dunkle Kolke.
Hinter dem bewucherten Elbdeich
am Mäanderbogen, am Dorfrand:
die sargenge Lindenallee.
Seitlich das Grab des Wortführers.
Silvesterkind, zu früh vom Weg
abgekommen. Unauffällig
ungewöhnlich die Grabskulptur:
ein fließender Fels.
Eine Rose ringt um Licht.
Alles Vergängliche ist
nur eine Fälschung.

# Nachhall

Seine Stimme klingt nach:
bestimmt, betont, rauchig,
manchmal rüde. Keine Fragen.
Wortklauber, Sprachzersetzer.
Schwierige Auswertung der Mundstücke.
Nomade der Literaturhistorie.
Eine Raketenstation als Oase!
Einmal glimmt Glut auf:
Erinnerung an den Großvater, den Lehrer,
auf dem Bahnhof in Krefeld –

               unerwartete End-Station.

# Retrospektive

Zweipfennigstück, Stein und Kastanie.

In der anderen Hosentasche

ein Heiligtum: die Haarspange.


Das Lachen der Mädchen leuchtete.

Eine Reise nach Jerusalem und

das Ahnen des Abspanns – finis.

## Landpartie I

Ins Ilmtal zurück in den Barock:
der Lustgarten mit Sandsteinfiguren,
der Monsterfisch als Wasserspeier.

Permanenter Sommeraufenthalt –
sechs Jahre für den poetischen Landjunker.
Von Liebe und Freundschaft umschlungen.

Das Grabmal mit zwei Frauen,
ein dreiseitiger Obelisk am Fluss:
Lyra und Schmetterling in Gold.

## Landpartie II

Ein Echoraum aus Stahl und Glas –
preußischer Mörtel im verfugten Mauerwerk
des ehemals zehnzackigen Doppelsterns:
kurzlebige Blüte von Vesalia fortis.
Gelbes Rapsfeld.

Der Eselsweg führt durch die Aue,
dörfliche Straßen zurück zum Kornmarkt,
dem Zentrum der Zerstreuung – rechtsrheinisch,
rapsgelb.

Hinter der Brücke Reste von Fort Blücher,
Denkmal eines Militärarchitekten.
Feld.

## Landpartie III

Mädchen mit weißer Weste und Schürze
bedienen mit blendendem Lächeln.
Das Kurhaus, tempelartig
mit dorischer Säulenvorhalle.
Selbst Bänke und Abfallkörbe
in der Farbe der Unschuld.
Die weiße Stadt am Meer: ein Geisterdorf.
Ein unheiliger Damm gegen Sturmfluten?
Das Schwanencafé – mondän
im grellen Design der Nichtfarbe.
Auf den Tischdecken so viele
offene Rechnungen …
Ein Klinikgelände mit weißen Rosen.
Patienten im Bademantel, blass
das Fleisch des Heilbutts.

## Infrarotfilm

Die Skelette zweier hingestreckter Fahrräder
am See, nachts. Ihre Reiterinnen
rauchen gegen aufkommende Selbstreflexionen.
Eine lacht über meinen Auftritt
in ihrem Lichtspieltheater. Der Badesteg
ragt ins Ungewisse.
Ihre Fackeln bedecken meine Blöße.
Blaue Runen beschreiben ihre Hüften.
Exhibitionismusverdacht, dann unser Seelenstriptease.
Zukunft schimmert auf ihren Pokergesichtern.

## Augenschein

Deine dunklen Augenschlitze verheißen
eine Peepshow des Glückspiels:
Wahrscheinlichkeiten der letzten Gelegenheit.

Deine modulierten Sätze tanzen als Wortspiele
über den Mittagstisch – und
bedächtig entkleidest du die Nacht:

Drei-Sterne-Köchin der Begehrlichkeiten.

## Passwort?

Lohnt dieser Energieverbrauch,
diese Maskerade der verborgenen Wünsche?

Der Tag, ein Quickie der verpassten Chancen.
Alles nur verstümmelte Codierung von Intimität.

Die Augenblicke rauschen durch die Maschen.
Die Stadt blinkt Signale der Verheißung.

Irgendwo dort: Empfangsmöglichkeiten für
ein Gewitter, das die Nacht aufsprengt.

## Vorbote der Vernunft

Der Weißwein schmeckt nach
deiner stundenkilometerlangen Entfernung.

Den Knoten im Keltischen Kreuz endlich überwunden,
das helle Selbst vor Augen,
verfiel ich den Geboten deiner Finger:
dem Verlangen, der Versuchung, der Verführung
und den anderen sieben Verkehrsverboten.

Doch du lachst in die Verbindung:
spanischer Wein kommt besser.

## Selbstbeantworter

Ich weiß, dass ich nicht weiß,

wie es weiterläuft: das Leben

zwischen Charisma und Chancentod,

Blicken und Büchern, deinen Augen

und meinem Alter. Lachen

wäre eine prima Alternative –

doch du tanzt

                       in einer anderen Liga.


Weißt du, dass ich aufbleibe

in Gedanken verloren – nicht

vermisst?

Wissen sie vom Dilemma des Daseins,

den Aporien der Aphrodite?

Freibad – das war früher. Heute

ist Historie. Morgen …

## Subjektive Didaktik

Es geht ums Ganze, den Morgen
nach der langen Nacht, den Tanz
der Sorglosigkeiten um das
Buch ohne Eigenschaften.

Die Perspektive des Kältetods
als Heldenreise. Schwankende Gestalten,
umsäumt von grünen Scherben.

Deine Augen: zwei unergründliche Planeten,
die ungeborenes Leben verheißen.

## Das grüne Leuchten

Die Digitaluhr zählt uns an.
Irrlichter der Nacht. Lerche oder
Nachtigall? Das Klacken im Schloss.
Ich finde ein Haar von dir; es enthält
alle Informationen über deinen Körper,
doch keine über unser Leben.
Entsorgung der Vergangenheit.
Das Handy schweigt, ich starre es an.
Gleich sehen wir uns – die Zeit stockt …
Mädchenbier und die Astlöcher
im Flaschenbaum der Kindheit.
Zielsicher ohne Licht.
Wie dick ist unser Buch?
Deine Botenstoffe geben mir
keine Ruhe. Alles noch einmal
und wieder von vorne.

## Geschmacksverlauf

Differenzierte Wahrnehmung jenseits
des verkopften Normdenkens. –
Eine Binnenstruktur, die nicht
auf Kontraste setzt. Dominante
Fondwirkungen verschleiern.
Intensiviertes Mundgefühl –
die räumliche Staffelung von Aromen
wie Texturen. Degustation
und der Riss im Alltag: ein Apfel
mit dem Geruch von Sellerie
und dem Geschmack von Rindfleisch.
Eine Dekonstruktion der verbotenen Frucht.

# Einem Halsbandsittich

Sein auffliegender Schwarm
schreckt Spaziergänger. Kein Kunstmäzen
zahlt für dieses lebende Gemälde,
grüngelb mit Blaustich und Korallenrot.
Flecke auf der Großstadtsilhouette.
Ein kecker Kulturfolger
in unseren alten Parkanlagen,
der Apfelplantagen plündert.
Ein tierischer Migrant aus Indien,
koloniales Mitbringsel, goldenen Käfigen
entkommen. Keine Schlange
stört den Höhlenbrüter. Ein Bote.
Kapriole des Konsumwandels.
In der Dämmerung sucht er
die Schlafbäume.

## Blauer Passat

Abfliegen und abtauchen
zwischen Marokkanischen und Dattelpalmen.
Stabiles Hoch mit kühlendem Passatwind.

Abspannen auf zermahlenen Muscheln.
Die beiden Könige der Altvorderen
bewachen die trostlose Landschaft.

Aloe vera, die Wunderpflanze lebt
von der Luft. Ziegenkäse. Woher stammt
das Aztekenportal der Kirche in Pájara?

Versiegte Flussbetten, verlandete Stauseen.
Im Tal der schlafenden Elefanten
findet man nichts außer Imaginationen.

Werden die weißen Kakteenläuse zerquetscht,
bleibt ein kaminroter Todessaft.
Das Wrack der American Star: versunken.

# Substanzgewinn

Stechpaddelnd auf der Wasserader,
durch den Vormittag, vorbei an schicken Lofts,
den Blüten des Strukturwandels, Anlegestellen
und Brombeersträuchern –
ein zielführender Sackgassenkanal.

Die Stadt als aufgeschlagenes Buch
mit stattlichen Bibliotheken und dem Fockeberg.
Unser Panoramablick schweift zurück
auf die eigenen Lebensringe.

Vorwärts in den Prager Frühling
und ins Puschkin. Hier bergen die Namen
noch verlorene Versprechen.

An der Galopprennbahn amerikanisches Luftkino.
Doch seitlich zwischen Lampions

schimmern andere Visionen.

Raumzeitpunkte

## Salzausblühung

Unter der Glutsonne der Salzwüste Kavir
zieht eine Karawane. Kamelmist
und gebleichte Gebeine weisen den Weg.
In den Hügeln eingegrabene Räuber,
in den Sandfeldern Schlangen, Skorpione.
Aus Lehm erbaute Karawansereien
erscheinen als süße Quellen. Tagesmärsche
geben die Entfernung an. Wanderdünen
verführen. Flugsand, pfadlose Steinebenen,
in Fünfecken aufgebrochener Boden.
Durchschnittene Telegraphenleitungen markieren
diese militärgeographische Expedition.
Der letzte deutsche Ritter reitet
bei Monddunkelheit durch porphyrisches Gebirge.
Windfänge leiten kühlende Luft
durch kunstvoll geführte Schächte.
Ein politisches Unterfangen mit Grabfeldern,
flirrend wie ein fliegender Teppich.

## Grauzonenzeit

Eine Villa im noblen Moskauer Arbatviertel.
Hier organisiert er die geheime Zusammenarbeit:
die Fliegerschule nahe dem Badeort Lipezk,
die Gastestgelände, die Panzerschule an der Wolga.
Die Zwanzigerjahre blecken nur kurz ihr Gold,
Grau ist die Grundfarbe dieses Chamäleons.
Vor seinen Augen entsteht ein ambivalentes Bild.
Weite Inspektionsreisen in russischen Salonwagen
präsentieren Gelbkreuz und Grünkreuz, Teile
einer ehrgeizigen Arbeit am Fleischwolf der Moderne.
Die Jahre danach beginnen Blut zu spucken...

## Staubspur

Ein Stern für die Wehrkraftzersetzer,
unsymmetrisch und sechszackig: Fort Zinna.
Der Tod „Made in Germany" kommt per Akte.
Wüste, Moskau, West- und Ostfront überlebt,
nun packt ihn die Heimat – falsch kalkuliert.
Ist er zu lange in der Welt gewesen?
Der Brückenkopf im Hinterland: ein Gerichtshof.
Blut in den Zellen, an der Mauer, am Schloss.
Ein zunehmendes Grollen im Diesseits – und jenseits.

## Tagelied

Der Letzte seiner Art
bindet meine Zeitmitschriften.
Deine Stimme höre ich
nur über das Handy, lese
verstümmelte Nachrichten. Irgendwo
treiben Inseln in gleißendem Licht,
nichts ahnend, wartend auf den Tsunami.
Der Nilbarsch frisst den Viktoriasee,
die Evolution ihre Kinder.
Die Kerze verbrennt die Nacht
mit den Hieroglyphen auf deiner Haut.

## Schneckenspuren

Wehrhafter Weichling im Meer:
nackt, unbehaust und farbenfroh
mit scheinbar virtuellem Muster.
Die Schmetterlinge der See
mit einem feucht glitzerndem Körper:
Spanische Tänzerin und Prachtsternschnecke.
Ihre Larven segeln im Wasser.
Nachtaktive Flankenkiemer mit Rückenfransen.
Algengefräßige Zwitter, lebende Giftdeponien,
die übers Korallenriff kriechen.
Sitzen Signalstoffe in den Schleimspuren?
Die leuchtende Flamingozunge schweigt.
Einzigartig der Trick der Sackzüngler:
sie fressen Chloroplasten und genießen
den Stoffwechsel durch Fotosynthese.

## Seepferde

Scheinbar mühelos schweben diese Taggestalten
über Seegraswiesen. Lebendige Schmuckstücke,
Chamäleons der Unterwasserwelt,
zum Trocknen aufgehängt – zerrieben.

Allmorgendlich vollführen sie einen Reigen
zwischen Korallenwäldern. Meeresschlüssel
zu den Schatztruhen der Ozeane,
in Rosenöl ertränkt – gekocht.

Zielsicher saugen sie winzige Schwebgarnelen
durch ihre pipettenförmige Schnauze. Wasserritter,
wehrlos im farbigen Tarnmantel,
von Sammlern abgerupft – geröstet.

Sekundenlang leuchten diese Fischkörper
mit maskuliner Bruttasche. Fabelwesen,
maritime Nachfahren von Poseidons Rössern,
zu Asche verbrannt – verpulvert.

## Kein Bärenkult

Im Licht von Fettfunzeln entstehen
prähistorische Panoramen – Schein.
Trotz Flöten aus Schwanenknochen
und Venusfiguren: der Auftritt, ein Genozid.
Non Omen – eher eine biblische Story.
Der Exitus des Neandertalers als Kriegsverbrechen.
Elfenbeinperlen für den Sieger, Asche
für den ersten und letzten Innerirdischen.

## Leopardenkammer

Bewegte Partitur im privaten U-Bahnhof
aus Kalkstein: ein Aulosbläser spielt
zum Totentanz, unterstützt von einer Lyra.
Ein unterirdisches Festgelage auf Klinen.
Lorbeer für den Untoten, ein Sarkophag
für das rohe Ei Leben. Flora und Fauna
begleiten den Transit. Zwei Leoparden
überwachen den fensterlosen Raum,
ausgeschmückt mit geometrischen Figuren:
Kreis und Quadrat. Pars pro Toto –
ein kosmisch orientiertes Abbild.
Im Kreuzpunkt der Richtungen die Weltachse,
kultischer Schacht ins Totenreich,
ins Elysium, wo Etrusker uns erwarten.

## Urbild

Auf dem Fischmarkt im indonesischen Manado
erstaunt ein seltsames Exemplar die Meeresbiologen:
Latimeria chalumnae, ein Quastenflosser, geboren im Devon
nahe dem Kontinent Gondwana. Geologische Zeiten.
Seit über 350 Millionen Jahren fast unverändert,
groß und schwer wie ein Mensch, dieser Vorfahre.
Ein lebendes Fossil mit seiner unerzählten Geschichte
der Wellen als letzter evolutionärer Vorbote.
Auf dem internationalen Schwarzmarkt
wird er ausverkauft. Historische Zeiten.

# Kultfiguren

Raben wiesen den Weg ihrer Drachenboote.

Ohne Kompass und Sternenkarte

navigierten sie auf schlanken Plankengerüsten,

getrieben vom Fieber nach reicheren Küsten,

bis nach Neufundland, Kiew und Bagdad.

Rahsegel am Horizont – auf vier Kontinenten.

Totschläger auf der Jagd nach Menschen

und dem Elfenbein der Walrosse.

Auf ein Wiedersehen in Walhalla.

Junge Epigonen von Odins Anhängern

ergötzen sich an gezackten Runen

und erklären die Welteislehre.

Es war ein König in Thule ...

## Trockenrisse

Wüstenstraße, halb verweht, bis Regenfeld.
Alamate neben den Wadis zeugen
von den untoten Kriegern des Kambyses.
Am Rand des großen Sandmeers erscheint
Zarzura, die Messingstadt, als Fama Morgana.
Akazien und Gazellen, gemalt mit Fingerfarben
aus Ockerplättchen, Knochenleim und Blut.
Die Schwimmer in der Höhle des Gilf Kebir,
prähistorische Kosmonauten – entschwunden
in temporären Seen der wiederkehrenden Wüste.

# Gralsburg

Welch ein Plan! Der Mittelpunkt der Welt
in Nähe der germanischen Externsteine
als Ordensburg der Schutzstaffel.
Die Wewelsburg als Ahnenerbe:
Kultzentrum und Konzentrationslager.
Nach dem Vorbild mykenischer Kuppelgräber
im Keller ein Weiheraum für tote Führer.
Die Selbstzerstörung – unbewusste Einsicht?
In der Ruine: silberne Totenkopfringe,
Souvenirs mit Hakenkreuz und Sigrunen.

## Weiße Elefanten

In Siam ruinierte man Menschen
durch ein Geschenk: einen Albino,
dessen Unterhalt enorm aufwendig war.
Moderne Elefanten sind grau:
Staudämme, Hochhäuser und Flugplätze,
Itaipu, Transmigrasi und die Straße nach Gao.
Die Moral der Entwicklung ist der Wille
zur Macht. Saharabewässerung und
afrikanische Binnenmeere: Alptraum
Atlantropa. Die Tochter des Phönix
verlässt auf einem Dickhäuter Arkadien.

# Eisbärenherbst

So ein dickes Fell wünschte ich mir,
Hohn und Spott für jede Lederjacke.
Geübt den Energieverbrauch zu minimieren
trollt sich das letzte Glied der Nahrungskette.

Siebenundsiebzig Grad Nord vierunddreißig Grad Ost
hat der Tod drei Buchstaben (PCB, DDT, HCH, TBT)
und viele komplizierte Namen. Auf Spitzbergen
fand man ihn jüngst als Hermaphroditen.

## Pandoras Fass

Moderne Alchimisten in Marburg:

Auf Nierenzellen grüner Meerkatzen

züchten sie Viren für Impfstoffe.

Dieses Fieber. Mikroskopische Todesgrüße.

Am Rande des Regenwaldes schürfen Goldgräber

nach Eldorado und finden Blut.

Der geöffnete Kronenraum entlässt den Erreger.

Dieses hämorrhagische Fieber. Der Wirt stirbt schnell.

Astronauten auf ihrem Heimatplaneten

verschließen die Proben im Eissafe.

Eben fließt der Ebola, Afrikas Acheron.

Dieses unerträgliche Fieber ...

# Wahlverwandtschaften I

Im Klostergarten und auf den Galapagosinseln

beginnt die Suche nach dem Genomikgold.

Erbsenhybride mutieren zu neuartigen Gewächsen,

geklonte Finken erblicken sich im Chromosomenspiegel,

transgene Mäuse vegetieren im grellen Laborlicht.

Die Exhumierung der Zarenfamilie präsentiert

den Erbgutfaden als Meistermolekül.

Die Chemie der Gefühle – nur Biomüll?

Die Transsubstantiation der Seele als Ziel

basteln Bioniktechniker dilettantisch an Cyborgs,

Menschenpuppen einer zweiten Genesis.

## Wahlverwandtschaften II

Der Tanz der Moleküle im Mikrokosmos:
Guanin und Cytosin, Thymin und Adenin.
Der Mensch als Buchstabenschlange
mit drei Milliarden Zeichen. Das Leben:
eine Doppelhelix, sequenziert und kartiert.
Der Weg zur manipulierten Natur ist freigelegt.
Embryonenforscher liegen in raupenresistenten
Maisfeldern, träumen vom reparablen Humankörper
und lassen sich die Krebsmaus patentieren.
Erbgutdesigner mit verklärtem Röntgenblick
propagieren die private Eugenik und
revitalisieren den Jungbrunnen im Menschenpark.
Ihm entsteigt ein integraler Homunkulus.

## Positionsangabe I

Dem Verschwinden des lyrischen Subjekts

folgt die Degeneration der Verben,

ein grammatikalischer Artenschwund.

Statische Poesie als globaler Fokus.

Hyperlinks aus kulturellen Fundstücken

sichern historische Intertextualität.

Präzise Fachterminologie als Identifikation

zur Decodierung von Expertenwissen.

Eine Synthese von Mythos und Logos.

Die Alchimie der Schrift gegen die Magie

der blitzenden Bilder. Kryptologische Arbeit

als Jäger und Sammler.

## Positionsangabe II

Entkleidung aus dem Korsett der Formen,
aber Stabreime als lyrisches Stilmittel:
Alliterationen arrangieren Assoziationen.
Bedeutungsübertragung durch Komposita.
Aufladung von Fachbegriffen durch Verfremdung
der Kontexte. Entsubjektivierung als Versuch
der Objektivierung bedingt eine Substantivierung.
Hohe semantische Konzentration im Textkörper.
Archäologische Arbeitsweise zwecks Archivierung.
Bruchzonen im Blick eines Astronomen.

## Bruder Leonce

Hin und wieder ein Lustspiel mit Rosetta –
das Laster als Tugend. Mit dir
auf der Stadtmauer von Lucca joggen ...
Vermutlich zu anstrengend.
Lieber Kreditkarten sammeln
im Land, wo die Oleander blühen.
Sehnsucht nach Chianti und Crostini?
Auf jeden Fall hat er Recht:
Die Weltkugel ist eine Zwiebel.
Solche Gedanken gehören zum Speisen
wie der Saft aus ermordeten Trauben.
Im Schatten bitten wir um schwarze Oliven
und eine vegetarische Religion.

# Prag Juli 2004

Seit jenen Nächten
denke ich wieder
an den Frühling.
Die Male der Fackeln.
Alles nur weitere Informationen.
U-Bahn-Stationen nach Europa.

Und morgen ist euer Leben
wie immer.

Über den Hradschin
fahren wir morgens nach Theresienstadt.
Einzelzellen für fünfzehn Menschen.
Der Swimmingpool der Wachmannschaft.
Das Kino der Vergangenheit.
Die Bilder der Mädchen.

Zu sehen bis Gibraltar.

## Kolumbarium

Platz sparend nebeneinander, aufeinander
gestapelt auf dem Brotwagen:
die Leichen der verschenkten Stadt.
Auf den Holzpritschen zwischen Wanzen
die Mädchen, wartend
auf den ersten Sonntag
nach dem Krieg. – Engel singen
in der Hölle. Der Horror
vor dem Transport. Du verrätst
mich nicht. Der böse Leierkastenmann.
Proben im Kellergewölbe
für das Requiem. Ich verrate dich
nicht. Die zerschnittene Flagge
mit dem Kreis. Kindertheater
ohne Stern. Todesmärsche.
Der Mundfunk: dort kommt man
nur durch den Schornstein heraus.
Eine Verabredung vor der astronomischen Uhr.

## La Ribaute

Ein Bulldozer ebnete den Weg
durchs Moos, durch Gras und schwarzes Laub
zu den statischen Terrarien.
Zwischen Oliven und Maulbeerbäumen:
Hangars, unterirdische Kammern,
geflutete Schächte – labyrinthisch.
Erleuchtete Glastürme mit Sonnenblumen,
eingegipst und an den Wurzeln aufgehängt:
Pendel morbider Uhren. – Allesfresser Zeit.
Rostende Schiffscontainer, ein Museum
globaler Reststücke: Blei für Buchseiten,
Wildschweinhufe und Menschenhaar.
Ascheregen aus Samenkörnern, Sand,
Sedimente, Fundamente für Paläste.
Ein Rundgang um das schwarze Loch
entdeckt das geheime Leben der Pflanzen:
Lichtzwang, ein selbst gefertigter Himmel.

## Beweisversuche

Kein Zutritt zu ihren Hyperräumen.
Tage verloren in der n-ten Dimension,
beim Spiel mit Riemannschen Zahlenkugeln.
Unvergängliche Theoreme wie Fermats letzter Satz.
Unterwegs zu universalen Strukturen.
Existenz und Eindeutigkeit als Dogma.
Unendliche Wiederholung, die Selbstähnlichkeit
der Mandelbrotmenge – ein Apfelmännchen
als Symbol für Ordnung im Chaos.

# Käferlarven

Nachtaktiv in selbst gegrabenen Gängen,
phytophag, heliophil und parthenogenetisch,
mit ovalen bis fast kugeligen Elytren
leben sie in verbuschten Ruderalbereichen,
in krautiger Pioniervegetation, vom Wasser verdriftet.
Ihr Entwicklungszyklus: häufig unbekannt.
Die Augenoberkante der Art überragt
den oberen Falz der Fühlerfurche.
Einige leben von Kaninchenexkrementen.
Desynchrone Zyklen in Refugialbiotopen.

## Partikelwolken

Programmierte Lacke und intelligenter Staub
vom molekularen Fließband. Die Form
folgt der Funktion. Selbstreproduktive Maschinen
im Reich der Zwerge. Fantastische Reisen
durch die Blutbahn. Der Geist
im Quantenspiegel des Nanokosmos.
Roboterschwärme – selbstisolierende Röhren
auf Trägerblocks. Amorphe Kügelchen,
Latexperlen und magnetische Marker.
Unten gibt es noch viel Platz.
In abweichender Geometrie alles
atomar neu gestrickt: ultradünner Draht wie
Bakterienkompass. Genetische Sonden durchforsten
Bibliotheken bekannter DNA-Sequenzen.

Ikonographien

## Ikonographie I

Im Brandenburger Tor liegt der Eingang
zum Malerwald. Ein Tätowierter erleuchtet
das tote Gehölz – immer wieder.
Der Adler treibt auf einer Eisscholle.
An verschiedenen Enden die nackte Unbekannte.
Café Deutschland, dort steht der Tisch
der Geldzähler. Die Speisung der Kunstgläubigen
zwischen den Müllresten der Geschichte.

# Ikonographie II

Das Café als Empfangsraum des Geistes:
Dichter und Denker mit Zigarren und Zitronen.
Der Mann mit dem grünen Hut fegt.
Sichtbar: die zerschmolzene Eisscholle.
Der Gärtner, für dunkle Tage unterwegs.
Wer zu spät reitet ... Metamorphosen.
Ereignisfenster mit Raupe – die Eule, klein.
Tugend und Laster als Kopfgewächse.
Variationen: die Welt balanciert an Krücken.

## Ikonographie III

Männliche Dreiecke in blutrot umrahmten

Blüten. Lilith mit den Flügeln.

Gestirne wie getrocknete Orangen.

Ein Kalenderstein mit dem Zeichen der Eule.

Immer wieder umgedrehte Blätter.

Zwei Frauen am Schicksalsband.

Stillleben mit hohlem Kürbis.

Kleine Amoretten auf der Wippe.

Die Welt in der Wanne – Nagelstiche.

Als verletzte Hirschkuh auf Didos Spuren.

Der Totenhund lauscht mit ihr

auf sein Kommen.

## Ikonographie IV

Der Wald als Gerüst der Welt:

abgestorbene Bäume – moderne Totempfähle.

Der einstürzende Turm von Babel,

umgestürzte Denkmäler. Beschwörung.

Der Pinsel: geballte Faust, lodernde Fackel,

Regenwurm. Amöben der Zeit –

Fabeltiere und Körperteile.

Der Eingang, Standort für Kritik,

in schwefeligem Licht: Stammtisch Deutschland.

Fortuna, ein Gleichgewicht haltender Akt.

# Ikonographie V

Graue Vermalung statt Ultramarinblau,
kein Reiz und keine Ruhe im Anblick –
eine Ästhetik der Absenz.
Rahmen, Spiegel und Glasscheiben,
ein Paradigma der optischen Täuschungen.
Schemenhafte Figuren begründen
die andere Unschärferelation.
Schattenbilder.
Integration von Zufall und Einfall:
Farbmusterkarten, frequenzmodulierte
Haut – die kleine Badende.
Guildenstern.

# Ikonographie VI

In den Schichten der Vergangenheit erscheint

der erwachende Kaiser als Soldat.

Geisteshelden – Wintergewitter,

Besetzungen mit deutschem Gruß.

Astlöcher, Maserungen, lodernde Flammen.

Ablagerungen, Bilder im Tresor.

Stroh und Haare heizen den Athanor.

Auf den Wegen der Weltweisheit:

Gedächtnis und Mohn.

Melancholie am Grab des unbekannten Malers:

eine Palette als Altaraufsatz, Archäologie.

Aporien aus der Zentralperspektive.

# Ikonographie VII

Keine Sonnenblumen, sondern nach oben
gekrümmte Straßenbahnschienen,
Spielkarten und Spielzeugpanzer.
Parabeln der Täuschung und Enttäuschung.
Der Weihnachtstraum des unbelehrbaren Soldaten.
Bedrohliche Lautsprecherbatterien,
der Narr spielt die Kontrabasstuba.
Ein Panorama der Erinnerung
gegen die Beharrlichkeit des Vergessens:
die Festung Breslau, das Fronttheater,
im Hintergrund das Tabakskollegium.
Ein Pandämonium mit Pflichttätern.
Die Brut aus dem Basiliskenei –
Fliegenlernen im Hinterhof.
Zeitvergleiche, Erinnerungslandschaften
als Furor, gestaffelte Bewusstseinsräume:
eine Durchdringung der Raumzeit.

# Ikonografie VIII

Asphaltvogel. Druidisches Messgerät.
Erdhorcher – Substanzumwandlung.
Goldstaub im Palazzo Regale.

Nichts Retinales. Wechselbeziehungen
von Organischem und Anorganischem.
Das Zusammenbringen von Elementen.

Gegen die Diktatur des rechten Winkels:
die Ecke bekommt ihr Fett weg,
Chaotisches von plastischer Kraft.

Geburtsstein mit Bruchkanten
und Glättungen, ein Ovaloid,

ein Feuerstein der Transformation.

# Ikonografie IX

Höhlenwandmalerei vom Grellsten:
der Traum vom Fliegen – Abstürze
mit Salzsäure in den Adern.
Aufgezeichnet mit einer obskuren
Infrarotkamera. Ein Kältetod
im Kunstlicht. Menschenmengen,
fallende Figuren ...

Zwischen baumigen Konturlinien
anthropomorphe Vögel, eine Eule
wird weggetragen.
Eine vitale Feier der Farben
mit glühenden Gespenstergesichtern:
Blutspritzer, ein Teppich nach Berlin.
Einsamer Elefant und keine Mädchen.

# Ikonografie X

Evokation durch Deformation.
Vitalistische Formänderungen ermöglichen
Schlagschatten in matten Farben.

Einblicke ins grüne Dickicht:
Bleiglasfenster eines Obstbaumgartens.
Eckige Landschaft mit roter Scheune.

Interieur mit zwei halbnackten Frauen
und ein Geschwätz im Regen.
Der Dreiweg – zugewachsen.

# Determinanten

## Determinanten I

Eine Explosion als Anbeginn von Raum und Zeit,
ein Terroranschlag gegen das Nichts,
der Galaxien gebar mit Halos aus dunkler Materie.
Nur ein singuläres Ereignis im Multiversum
war dieser punktuelle Schöpfungsakt.
Nach dieser kosmischen Silvesternacht krümmte sich
die Raumzeit hyperbolisch: ein babylonischer Kühlturm.
Für das Licht gibt es kein Entkommen, nur Gravitonen
entschwinden in den Hyperraum. Zwischen all den
Paralleluniversen, mathematische Skulpturen
mit Chronologieschutz, wirkt der Mensch
wie ein holografischer Schatten höherer Dimension.

# Determinanten II

Kein Paradoxon! Der mikroskopische Blick
in die Welt der Elementarteilchen
eröffnet die Sicht ins Multiversum.

Doch mit Strings, diesen subatomaren, leblosen
Fadenwürmern lässt sich die Weltformel nicht finden.

Erklärungsversuche: schwingende Membranen
und zehndimensionale Knoten in der Raumzeit,
Partikelkollisionen erzeugen Energiedefizite.

Ein Gleichungssystem mit imaginären Variablen,
die Welt als Matrix. Bleibt die Suche nach Zeittunneln,
Wurmlöcher als Rückweg in die Vergangenheit.

## Determinanten III

Fragen nach dem Anfang und dem Ende
verschwinden in Raumzeitsingularitäten.
Das anthropische Prinzip versperrt die Erkenntnis
uns – Kosmonauten in einer Zeitschleife.
Vergangenheit erscheint als birnenförmige Hyperfläche
der schönen neuen Branwelt mit höheren Dimensionen,
aufgerollt zu einem unsichtbaren Torus.
Pfadintegrale: die Summe über alle Geschichten,
eine offene Rechnung, begrenzt vom Zeitreisehorizont.
Schwarzlochentropie und Supersymmetrie,
die Holografie eines einst inflationären Universums.
Auf der faustischen Suche nach Totpunkten
wir – Gefangene der Ereignishorizonte.

# Bionik I

Dechiffrierschlüssel für die großen Geheimnisse
der Natur. Durchleuchtete Prototypen
aus dem Riesenreich biologischer Systeme:
elastischer Biostahl aus Proteinen,
kriechende und fliegende Verpackungen,
filigrane Skelette der Strahlentierchen,
alles optimiert und durchgestylt –
von synthetischen Stoffen unerreicht.
Oder das Fliegenauge: der Superlativ
einer Miniaturkamera, eintreffende Signale
in Echtzeit verarbeitet. Der Holzwespenbohrer,
stoß- und biegefest, Energie sparend hergestellt
aus Materialien vom Misthaufen.

## Bionik II

Das Konstruktionsprinzip der Natur: der Pneu,
eine flexible, stabile, aufgepumpte Hülle.
Das Röhrensystem der Riesenseerose:
Vorbild für Palastkuppeln. Molekülringe
als Kugellager, organische Kettenhemden,
reflektierende Gefäße und transparente Gespinste.
Selbst das Paradoxon des Hummelflugs
aufgelöst vom Marktführer Natur.
Unscheinbare Eierbecher, gewebte Hüllen,
alles produziert maximal bei Körpertemperatur.
Das Erfolgskonzept: Energiegeiz – Sonnenlicht
und begrenztes Wachstum! Sensoriksysteme
mit umfassendem Datenspeicher im Zellkern.
Bis in einer Endlosschleife gefräßige Heerscharen
Laub und Leichen beseitigen.

# Bionik III

Die filigrane Architektur eines Insektenflügels,
mathematische Grundstrukturen mit Tendenz
zu harmonischen Proportionen. Die Geometrie
des goldenen Schnitts. – Reizumwandlung.
Die Leichtbaustruktur von Schaumhüllen:
Minimalflächen. Der Faltmechanismus
der Maikäferflügel: perfekt.
Alles Resultat konstruktiver Evolutionskriterien.
Ein humaner Ausblick: Nano-Automaten,
die durch unser Adersystem patrouillieren.

## Bionik IV

Die goldene Ritterrüstung der Puppe
des Tagpfauenauges. Gepanzert
gegen die Nacht der Metamorphose.
Zwei Leben – und kein Computerspiel!
Oder die Lotusblume: Selbstreinigung
dank hydrophober Oberflächen.
Oder das Plankton: winzige Kronen
aus Kieselsäuregittern. Der Kosmos
unter der Wasseroberfläche:
gläsern-transparente Fallschirme,
Myriaden von Strahlentierchen.
Alles absolut rezyklierbar.
Anthropoide Roboter dagegen
als putzende Fassadenkletterer –
Cyborgs, die zeitgemäßen Golems.
Der große Lauschangriff
auf die technischen Schatzkammern der Natur.
Die unscharfe Strategie der Evolution.

## Parallele Welten

Das ungelöste Problem der Superposition:
die Überlagerung mehrerer möglicher
Zustände. Hier und dort,
einzigartige Kopien unserer selbst.
Verwirrende Verzweigungen.
Ein Versuch der Beschreibung durch
Wellenfunktionen –
Wahrscheinlichkeiten der Wirklichkeit.
Trost im Gesamtzustand:
der Beobachter bleibt
ein integraler Bestandteil.

## Rotverschiebung

Den Gammahimmel im Visier
beschleunigen wir Elementarteilchen,
registrieren Ankunftszeiten
von Impulsen: Detektive der Raumzeit,
schaumgeboren im Rätsel der dunklen Materie.
Wir basteln Entwicklungsmaschinen
für die unsichtbare Supersymmetrie –
stehen im Teilchenschauer.

Die Rotverschiebung wächst,
der Abschied von sichtbaren Galaxien:
die Auslöschung von Informationen
über die kosmische Vergangenheit.
Unaufhaltsam – wir bleiben zurück
auf einer einsamen Sterneninsel,
eine Grubenlampe vor dem Ereignishorizont.

## Zeitbogen

In unserem abgeschlossenen System

nimmt die Unordnung niemals ab.

Die Zeit ist unnatürlich asymmetrisch –

ein hoch geordneter Anfangszustand,

das Prinzip Ei.

Der Zeitpfeil zeigt in die Richtung

des natürlichen Endzustandes:

der leere Raum.

Da bleibt nur die große Unbekannte,

die dunkle Mademoiselle.

Alles doch nur eine Chronologie

zufälliger Ereignisse? Wir werden keine

Erinnerungen an die Zukunft

verlieren.

## Zeitstromende

Die enteilenden Sterneninseln: Granatsplitter
der Detonation einer winzigen Energiekugel.
Der Startschuss für den Kältetod, ein Höllenfeuer
oder die Geburt von Tochteruniversen?
Die Nichtexistenz der kosmologischen Konstante
birgt titanische Alpträume: tote Sonnen
als stellare Christbaumkugeln aus Wasserstoffeis,
schwarze Löcher als Fresser sterbender Galaxien
und Menschen als stochastische Ereignismenge.
Billard der Gestirne im heimatlosen Raum.
Der Ausbruch der Sternendämmerung,
ein alchimistischer Totentanz vergehender Atome:
die letzten Wunderkerzen in der Finsternis.

# Anmerkungen

### Kosmische Konsonanzen

Johannes Kepler (1571–1630) entdeckte drei Gesetze der Planetenbewegungen.

### Goldscherben

Als Gefangener fand der Alchimist Johann Friedrich Böttger (1682–1719) eine Formel für die Herstellung von Porzellan.

### Mare Humboldtianum

Dieser Mondkrater ist nach Alexander von Humboldt (1769–1859) benannt.

### Wiederkunft

Friedrich Nietzsche (1844–1900) starb in Weimar.

### Hoffmanns Erfindungen

Am 21.8.1897 mischte Felix Hoffmann (1868–1946), ein Chemiker des Konzerns Bayer, Diacetylmorphin zusammen, das bald unter dem Markennamen „Heroin" als Arzneimittel verkauft wurde. Elf Tage vorher hatte Hoffmann bereits das „Aspirin" erschaffen.

*Eigenwerte*

Werner Heisenberg (1901–1976) erhielt 1933 den
Physiknobelpreis für 1932 und emigrierte nicht.

*Todsünde 8*

Im Juli 1938 hielt Konrad Zacharias Lorenz (1903–1989)
einen Vortrag mit dem Titel: „Über Ausfallerscheinungen
im Instinktverhalten von Haustieren und ihre
sozialpsychologische Bedeutung".

*Saturnchroniken*

Wernher Magnus Maximilian von Braun (1912–1977) war
Mitglied der SS und stellvertretender Direktor im
Hauptquartier der NASA.

*Erkenntnisgewinn*

Immanuel Kant (1724-1804) promovierte 1755 mit einer
Meditation über das Feuer.

*Elliptische Kurve*

Die große Pariser Abhandlung des norwegischen
Mathematikers Niels Henrik Abel (1802-1829) über
transzendente Funktionen blieb jahrelang ungelesen liegen
und wurde erst 1841 publiziert.

*Transformationen*

Der norwegische Mathematiker Sophus Lie (1842-1899) lehrte viele Jahre an der Universität Leipzig und verfasste die dreibändige „Theorie der Transformationsguppen".

*Blutkörper*

Robert Koch (1843–1910) entwickelte nach der Entdeckung des Tuberkulose- und des Choleraerregers das vermeintliche Heilmittel „Tuberkulin".

*Unvollständigkeitssätze*

Der Mathematiker Kurt Gödel (1906-1978) promovierte „Über die Vollständigkeit des Logikkalküls" und berechnete Universen, in denen Zeitreisen möglich sind.

*Selbstbildnisse*

Die Malerin Frida Kahlo war zweimal mit dem Künstler Diego Rivera verheiratet und eine Geliebte von Lew Trotzkij.

*Grenzgang*

Das Grab des Schriftstellers Nicolas Born (1937-1979) befindet sich auf dem Dorffriedhof von Damnatz.

*Nachhall*

Der Lyriker Thomas Kling (1957-2005) lebte zuletzt auf der ehemaligen Raketenstation Hombroich bei Neuss.

*Landpartie I*

Das Dreifachgrab von Christoph Martin Wieland (1733-1813), seiner Frau Anna Dorothea (1746-1801) und Sophie Brentano (1776-1800) liegt auf einem Landgut in Oßmannstedt.

*Salzausblühung*

Während des Ersten Weltkrieges leitete Oskar von Niedermayer (1885-1948) in den Jahren 1915-1916 eine geheime Expedition durch Persien nach Afghanistan, deren Ziel es war, den Emir von Afghanistan zu einem Aufstand gegen England und Russland zu bewegen.

*Grauzonenzeit*

Zunächst als Stellvertreter und später als Leiter der Zentrale Moskau organisierte Oskar Ritter von Niedermayer von 1924 bis 1931 die geheime Zusammenarbeit zwischen Reichswehr und Roter Armee.

*Staubspur*

Von Oktober 1944 bis April 1945 befand sich Oskar Ritter von Niedermayer im Wehrmachtsgefängnis Torgau, wo er wegen „Wehrkraftzersetzung" angeklagt war.

*Urbild*

Molekulargenetische Untersuchungen haben inzwischen ergeben, dass der 1997 und 1998 vor Indonesien entdeckte Quastenflosser eine neue Art darstellt: *Latimeria menadoensis*.

*Ikonographien*

*I, II* und *IV* Die Gedichte beziehen sich auf verschiedene Motive des Malers Jörg Immendorff (1945-2007).

*III* Das Gedicht bezieht sich auf verschiedene Motive der mexikanische Malerin Magdalena Carmen Frieda („Frida") Kahlo (1907-1954).

*V* Das Gedicht bezieht sich auf verschiedene Motive des Künstlers Gerhard Richter (geboren 1932).

*VI* Das Gedicht bezieht sich auf verschiedene Motive des Künstlers Anselm Kiefer (geboren 1945).

*VII* Das Gedicht bezieht sich auf verschiedene Motive des Malers Bernhard Heisig (geb. 1925-2011).

*VIII* Das Gedicht bezieht sich auf verschiedene Motive des Künstlers Joseph Beuys (1921-1986).

*IX* Das Gedicht bezieht sich auf verschiedene Motive des Malers Daniel Richter (geboren 1962).

*X* Das Gedicht bezieht sich auf verschiedene Motive der Groninger Expressionisten.

# Inhalt

## *Landmarken*

| | |
|---|---|
| Landmarke I | 7 |
| Landmarke II | 8 |
| Landmarke III–VII | 9 |
| Rückfahrt | 10 |
| Lorbeerblatt | 11 |
| Junkie | 12 |
| Venusbild | 13 |
| Engelszunge | 14 |
| Blue Moon | 15 |
| Hochdruckausläufer | 16 |
| Campus | 17 |
| Topfpflanze | 18 |
| Garancières | 19 |
| Ökozidjournal I | 20 |
| Ökozidjournal II | 21 |
| Sternenkult | 22 |
| Lösswolke | 23 |
| Dschungelbuch | 24 |
| Stadtgeographie | 25 |
| Traumwelten | 26 |
| Körperwelten | 27 |
| Schlangenstein | 28 |

## *Nekropolis*

| | |
|---|---|
| Kosmische Konsonanzen | 31 |
| Goldscherben | 32 |
| Mare Humboldtianum | 33 |
| Wiederkunft | 34 |
| Hoffmanns Erfindungen | 35 |

Eigenwerte                      36
Todsünde 8                      37
Saturnchroniken                 38
Erkenntnisgewinn                39
Elliptische Kurve               40
Transformationen                41
Blutkörper                      42
Unvollständigkeitssätze         43
Selbstbildnisse                 44

*Leuchtspuren*

Reflexbewegung                  47
Station Zoo                     48
Strandgut                       49
Grenzgang                       50
Nachhall                        51
Retrospektive                   52
Landpartie I                    53
Landpartie II                   54
Landpartie III                  55
Infrarotfilm                    56
Augenschein                     57
Passwort?                       58
Vorbote der Vernunft            59
Selbstbeantworter               60
Subjektive Didaktik             61
Das grüne Leuchten              62
Geschmacksverlauf               63
Einem Halsbandsittich           64
Blauer Passat                   65
Substanzgewinn                  66

# Raumzeitpunkte

| | |
|---|---|
| Salzausblühung | 69 |
| Grauzonenzeit | 70 |
| Staubspur | 71 |
| Tagelied | 72 |
| Schneckenspuren | 73 |
| Seepferde | 74 |
| Kein Bärenkult | 75 |
| Leopardenkammer | 76 |
| Urbild | 77 |
| Kultfiguren | 78 |
| Trockenrisse | 79 |
| Gralsburg | 80 |
| Weiße Elefanten | 81 |
| Eisbärenherbst | 82 |
| Pandoras Fass | 83 |
| Wahlverwandtschaften I | 84 |
| Wahlverwandtschaften II | 85 |
| Positionsangabe I | 86 |
| Positionsangabe II | 87 |
| Bruder Leonce | 88 |
| Prag Juli 2004 | 89 |
| Kolumbarium | 90 |
| La Ribaute | 91 |
| Beweisversuche | 92 |
| Käferlarven | 93 |
| Partikelwolken | 94 |

# Ikonographien

| | |
|---|---|
| Ikonographie I | 97 |
| Ikonographie II | 98 |
| Ikonographie III | 99 |
| Ikonographie IV | 100 |
| Ikonographie V | 101 |

Ikonographie VI                     102
Ikonographie VII                    103
Ikonographie VIII                   104
Ikonographie IX                     105
Ikonographie X                      106

*Determinanten*

Determinanten I                     109
Determinanten II                    110
Determinanten III                   111
Bionik I                            112
Bionik II                           113
Bionik III                          114
Bionik IV                           115
Parallele Welten                    116
Rotverschiebung                     117
Zeitbogen                           118
Zeitstromende                       119

*Anmerkungen*                       121

*Henning Heske,* 1960 in Düsseldorf geboren, lebt in Krefeld.

Die ausgewählten Gedichte entstammen den folgenden Lyrikbänden:

*Ereignishorizonte.* Lyrikedition 2000, München 2003.

*Wegintegrale.* Lyrikedition 2000, München 2006.

*Rotverschiebung.* Verlag im Proberaum 3, Klingenberg 2010.

FSC
www.fsc.org
MIX
Papier | Fördert
gute Waldnutzung
FSC® C083411

Zeitfracht Medien GmbH
Ferdinand-Jühlke-Straße 7
99095 Erfurt, Deutschland
produktsicherheit@kolibri360.de